TIME
FOR KIDS

Detrás del lienzo

La vida de un artista

T0136538

Blanca Apodaca
Michael Serwich

Consultores

Dr. Timothy Rasinski
Kent State University

Lori Oczkus
Consultora de alfabetización

Basado en textos extraídos de
TIME For Kids. *TIME For Kids* y el logotipo
de *TIME For Kids* son marcas registradas
de TIME Inc. Utilizados bajo licencia.

Créditos de publicación
Dona Herweck Rice, *Jefa de redacción*
Lee Aucoin, *Directora creativa*
Jamey Acosta, *Editora principal*
Lexa Hoang, *Diseñadora*
Stephanie Reid, *Editora de fotografía*
Rane Anderson, *Autora colaboradora*
Rachelle Cracchiolo, *M.S.Ed.*,
  Editora comercial

Créditos de imágenes: págs. portada, 1, 4,
16, 22–23, 30–31, 36 (derecha), 37 (arriba)
Getty Images; págs. 5, 7, 8, 9 (medio),
pág. 17 iStockphoto; págs. 18–19, 26–27,
32–33 J.J. Rudisill; págs. 12 (izquierda),
13, 24, 25 (derecha), 29, 34 (izquierda), 35
(arriba) Newscom; pág. 11 akg-images/
Cameraphoto/Newscom; pág. 40 (arriba)
akg-images/Newscom; págs. 12–13 Splash
News/Newscom; pág. 23 (abajo) The
Granger Collection; pág. 25 (izquierda)
Édouard Manet [Dominio público] a través
de Wikimedia Commons; todas las demás
imágenes de Shutterstock.

Teacher Created Materials
5301 Oceanus Drive
Huntington Beach, CA 92649-1030
http://www.tcmpub.com
ISBN 978-1-4333-7059-5
© 2013 Teacher Created Materials, Inc.

Tabla de contenido

Todos somos artistas

En preescolar, a los niños les encanta pintar. A nadie le importa si los dibujos son perfectos. Los niños dibujan para compartir sus sentimientos y los artistas adultos recuerdan esos sentimientos cuando crean su arte.

Muchos artistas comienzan el día en clases de arte. Los alumnos se sientan alrededor de un **modelo** para practicar el esbozo. Dibujar **retratos** es un arte antiguo. Cuando el clima es bueno, la clase sale al exterior. Este es el lugar perfecto para dibujar **paisajes** de la naturaleza.

"Todos los niños son artistas. El problema es cómo seguir siendo artistas una vez crecen".
—Pablo Picasso

PARA PENSAR

Imagina que eres un artista.
➤ ¿Qué destrezas necesitas para tener éxito?
➤ ¿Cómo se puede ganar dinero como artista?
➤ ¿Qué tipo de artista te gustaría ser?

El día de un artista

El día de un artista puede ser algo parecido a esto.

7:30	a.m.	Levantarse, vestirse con ropa cómoda.
8:00	a.m.	Desayunar, caminar hacia la clase de arte.
9:00	a.m.	Dibujar esbozos en clase de arte.
12:00	p.m.	Pausa para almorzar con otros estudiantes de arte.
12:30	p.m.	Dar un paseo rápido hacia el **estudio**.
1:00	p.m.	Preparar el **lienzo**, el **caballete**, la **paleta**, las pinturas y los pinceles.
1:15	p.m.	Comenzar a pintar.
3:00	p.m.	Tomar una pausa de 15 minutos para estirarse y continuar pintando.
5:00	p.m.	Limpiar los pinceles y la paleta. El cuadro estará terminado mañana.
5:30	p.m.	Cenar.
6:30	p.m.	Tomar una ducha y arreglarse para la divertida tarde por delante.
7:00	p.m.	Hora de la **exposición**.
10:00	p.m.	La exposición finaliza.
11:00	p.m.	¡Dormir!

Los expertos dicen que son necesarias unas 10,000 horas de práctica para llegar a dominar una actividad.

¡ALTO!
PIENSA...

- ¿Qué haces habitualmente a las 9:00 de la mañana?

- ¿Cuándo te sientes más creativo?

- ¿Por qué crees que los artistas dicen que nunca tienen suficiente tiempo para crear arte?

Poderosos utensilios

Existen muchos tipos de artistas. Algunos son pintores. Otros son **ilustradores** o **escultores**. Para cada tipo de arte se necesitan diferentes herramientas. Estos se llaman **utensilios**. Se puede hacer arte de cualquier cosa. Se puede hacer con alambre, cartón, ¡o incluso arena de playa! Lo que importa es que esté hecho de manera cuidadosa y con imaginación.

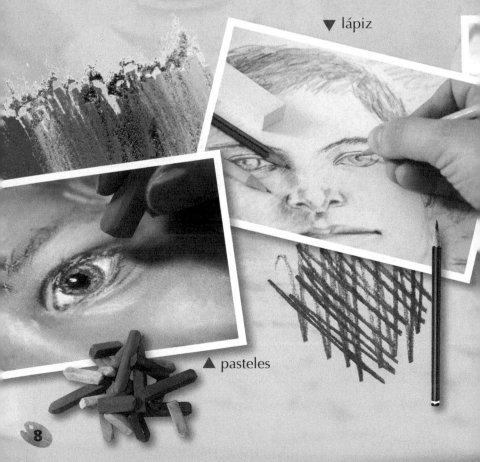

▼ lápiz

▲ pasteles

Durante la clase, los artistas hablan sobre qué utensilio les gustaría probar. Algunos querrán utilizar lápices y bolígrafos para dibujar. Otros preferirán utilizar lápices de colores o **pasteles** para añadir color. El **carboncillo** puede ser utilizado para dibujar una destacada línea oscura. Cada herramienta crea un efecto diferente. Algunas crean líneas finas y afiladas. Otras añaden color y tienen una apariencia más suave. A los artistas les gusta probar herramientas nuevas y ver lo que ocurre.

◀ pintura

▼ tinta

▼ carboncillo

Otros artistas prefieren pintar en lugar de dibujar. Hay muchos tipos de pinturas. Las **acuarelas** son pinturas secas. Los artistas las mezclan con agua para crear lavados de color. Se pintan normalmente con pinceles suaves en papel. Las pinturas acrílicas se pintan en lienzo con pinceles más duros. También se pueden pintar en madera con cuchillo pequeño. ¡Es como glasear un pastel! Las **pinturas acrílicas** son populares porque pueden ser utilizadas de muchas formas distintas. Las **pinturas al óleo** son espesas. Se les suele añadir **aceite de linaza** para hacerlas menos densas. Necesitan mucho más tiempo para secarse que las otras pinturas. Se pintan en capas. Y cada capa necesita tiempo para secarse.

Las esculturas pueden ser muy pequeñas o gigantes. Pueden estar hechas de prácticamente cualquier cosa. Los materiales más habituales para esculpir son la arcilla, el bronce y el mármol. La tela, el cristal y la madera también se utilizan. Estos son solo algunos de los utensilios que utilizan los artistas para crear arte. Y permanentemente se experimentan nuevas formas de utilizar utensilios o materiales.

◄ Los guerreros de terracota tienen más de 2,000 años. Estas antiguas esculturas chinas están hechas de arcilla.

◀ *La rueda de bicicleta*
de Marcel Duchamp

Rarezas del arte

Se puede hacer arte con cualquier cosa.
Marcel Duchamp unió una rueda de
bicicleta a un taburete de cocina y lo
llamó arte. Otros artistas han utilizado
dulces, mantequilla, hojas, ¡e incluso
cabello humano para crear arte!

Arte no tan vulgar

La chatarra de una persona puede ser un tesoro para un artista. Esto es por lo que muchos artistas crean arte utilizando materiales reciclados. Utilizan cartón, metal, plástico, trozos de tela y cuero. Los artistas hacen cuadros, esculturas, juguetes y muebles.

A mucha gente le gusta crear arte utilizando "chatarra". Hay un programa de arte reciclado cerca de Los Ángeles, California. Camiones llenos de suministros reciclados y limpios entran en el colegio. En su interior, los niños pueden encontrar objetos variados, desde pedazos de cuero hasta tapones de botella o papel brillante para usarlo en sus proyectos artísticos.

◀ ¿Te puedes imaginar el arte que se puede hacer con bicicletas antiguas? Eso es lo que dos artistas utilizaron para construir esta escultura de 65 pies de altura.

El *Foo Foo 2* de Robert Bradford ▶ fue construido a partir de miles de viejos juguetes.

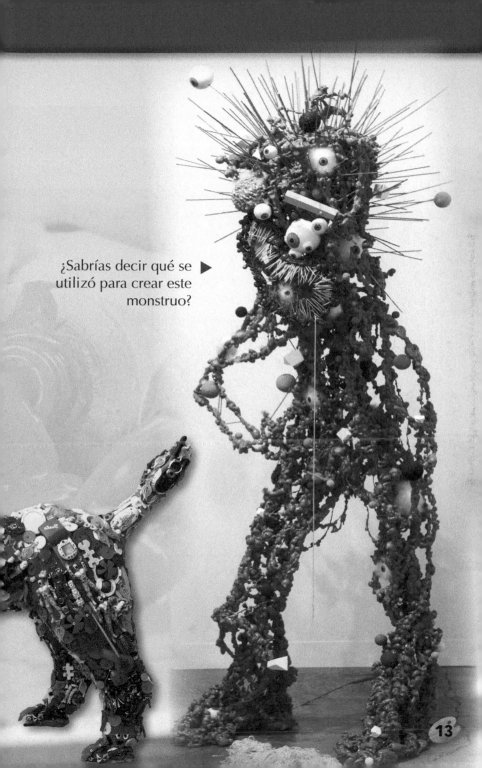

¿Sabrías decir qué se ▶
utilizó para crear este
monstruo?

Imagínalo

Antes de que el pincel toque el lienzo, los artistas deben pensar sobre qué van a pintar. Los artistas realizan un esbozo rápido para planificar su trabajo. El esbozo es un borrador. Esto ayuda a los artistas a probar ideas diferentes antes de que decidan la idea final. Pueden pintar un retrato o un paisaje. Algunas veces, los artistas utilizan imágenes que tienen guardadas en la mente.

Los artistas pueden pintar para ellos mismos. Pero también pueden pintar para otros. Cuando se contrata a un artista para pintar un cuadro, se llama **comisión**. Otras obras de arte pueden ser vendidas en galerías de arte. Pero no todas las piezas están a la venta. Los artistas crean muchas obras por diversión. Otras se hacen para practicar. Estas actividades diarias ayudan a los artistas a desarrollar sus destrezas.

¿Qué te inspira?

¿Alguna vez ves u oyes algo que te hace sentir especialmente bien? ¿Esos sentimientos te hacen querer bailar o cantar, o incluso dibujar? Los artistas se pueden inspirar cuando escuchan una canción o ven una puesta de sol. ¿Qué es lo que te inspira a ti?

En posición

A algunos artistas les gusta trabajar en un estudio en casa. Este es un lugar silencioso y donde es fácil trabajar. A otros, sobre todo a los pintores de paisajes, les gusta trabajar fuera. Esto a veces se denomina trabajar **en plein air**. Esta expresión francesa significa "al aire libre".

Los artistas colocan un lienzo en blanco sobre el caballete. El primer paso es hacer un borrador de una idea en el lienzo. Después se prepara la paleta. Se dispone sobre ella un arcoíris de pinturas. Con estas pinturas, los artistas pueden mezclar más colores directamente en la paleta.

Algunos artistas dibujan con tiza en las aceras de concurridas ciudades. Otros pintan murales en las paredes de edificios públicos.

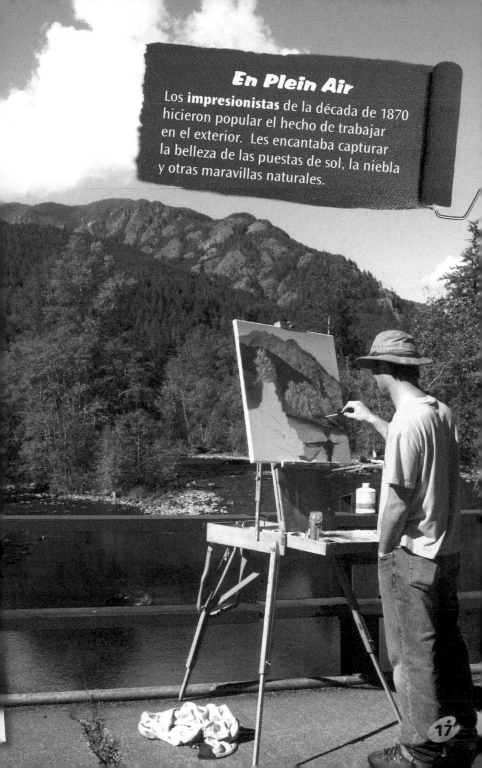

En Plein Air

Los **impresionistas** de la década de 1870 hicieron popular el hecho de trabajar en el exterior. Les encantaba capturar la belleza de las puestas de sol, la niebla y otras maravillas naturales.

La caja de herramientas del artista

Los artistas utilizan una gran variedad de herramientas para crear sus obras.

Los lápices para difuminar se utilizan para mezclar líneas y colores. Algunos artistas los utilizan para sombrear un dibujo a lápiz. Los hay de diferente grosor y longitud. Se puede retirar o lijar el papel para limpiarlo.

Una goma de borrar suave es menos dañina para el papel que una dura. Es menos probable que estropee el papel. Algunos artistas borran áreas pequeñas. Otros lo hacen en líneas.

Los lápices van de blandos a duros. Una etiqueta en la parte de arriba indica lo blando o lo duro que es. Las etiquetas incluyen un número y una letra.

Una paleta es una tabla que los pintores utilizan para mezclar colores. Algunos artistas pintan de frente a su caballete con la paleta en una mano y un pincel en la otra.

Un lienzo está fabricado de algodón o lino extendido sobre un marco de madera. Los artistas utilizaban paneles de madera antes de empezar a utilizar lienzos.

Los pinceles pueden ser de muchas tallas diferentes. Los pinceles para óleos y acrílicos tienen mangos largos. Los pinceles para acuarelas tienen unos mangos más cortos.

19

Conozcamos a R. Nava Av

Muchos artistas ponen sus pinturas en la paleta en un orden especial. Es en el mismo orden en el que se ven los colores del arcoíris. Una estupenda forma de recordar estos colores es pensando en R. Nava Av. Este no es el nombre de una persona real. Mira la primera letra de las palabras rojo, naranja, amarillo, violeta, azul, añil y verde. Juntándolas conseguimos R. Nava Av.

Los tubos de pintura vienen en muchos colores. Mezclando colores, podemos crear otros nuevos. El rojo, el amarillo y el azul son colores primarios. Estos colores se utilizan para crear el naranja, el verde y el violeta. Los artistas añaden blanco para aclarar los colores. Añadir un poco de negro puede oscurecer los colores.

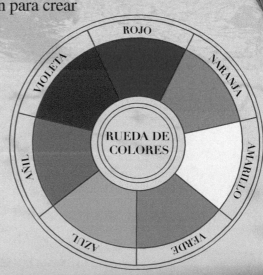

RUEDA DE COLORES

ROJO · NARANJA · AMARILLO · VERDE · AZUL · AÑIL · VIOLETA

Matemáticas del arcoíris

Prueba tu propio proyecto de matemáticas del arcoíris. Comprueba cuantos colores puedes crear con un poco de pintura, pinceles y nuevas paletas de colores. No olvides a tu nuevo amigo, R. Nava Av.

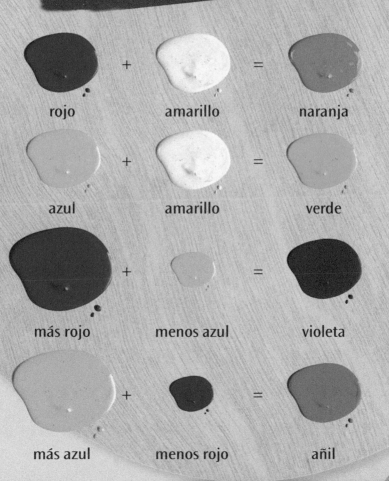

rojo	+	amarillo	=	naranja
azul	+	amarillo	=	verde
más rojo	+	menos azul	=	violeta
más azul	+	menos rojo	=	añil

Cada imagen cuenta una historia

Muchos artistas se inspiran por dos pinturas famosas. Una es *La noche estrellada*, pintada por Vincent van Gogh aproximadamente en el año 1889. Este cuadro muestra el cielo como lo imaginaba van Gogh desde la ventana de su habitación. Fue pintado con un **estilo** especial. El **Posimpresionismo** era un estilo muy especial. Estos artistas utilizan colores claros para expresar sus sentimientos.

En los momentos en los que parece que no hay tiempo suficiente para pintar, los artistas pueden recordar otra pintura: *La persistencia de la memoria*. En esta obra resaltan los relojes derretidos. Fue pintada en el año 1931 por Salvador Dalí. Este estilo, que recuerda a los sueños, se conoce como **Surrealismo**.

Brillante como una estrella

"Esta mañana he visto el país desde mi ventana, mucho antes de la salida del sol", le escribió van Gogh a su hermano, "con solamente la estrella de la mañana, que estaba enorme". La "estrella de la mañana" que mencionaba era el planeta Venus. Estas famosas palabras pueden describir la **inspiración** de van Gogh de las estrellas en su famosa obra, *La noche estrellada*.

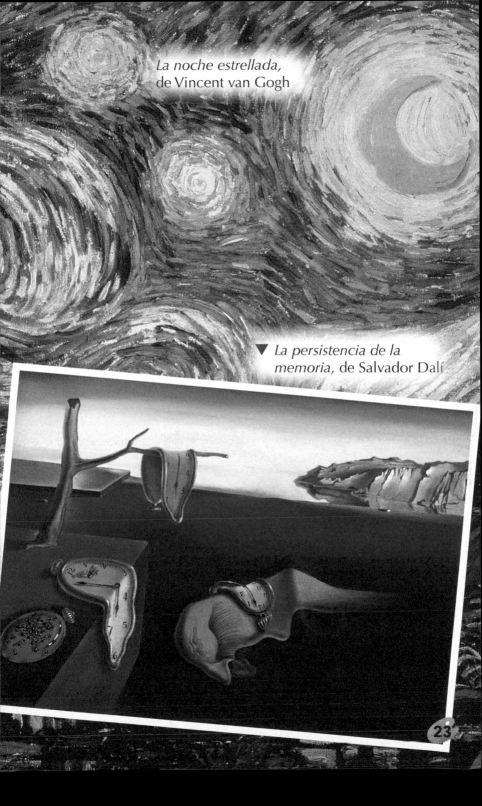

La noche estrellada, de Vincent van Gogh

▼ *La persistencia de la memoria,* de Salvador Dalí

El último estilo

Los estilos cambian en el arte, al igual que en la moda. La historia del arte incluye muchos estilos. Estos estilos cambiantes se denominan *movimientos de arte*. Es importante saber cuándo y dónde se realizó una pintura. Estos datos nos ayudan a saber por qué fue pintada. Nos ayudan a comprender la historia que el artista quería contar. El **Expresionismo** es un estilo que utilizaron muchos artistas para contar una historia. Este estilo permite al artista mostrar sus fuertes sentimientos sobre la vida.

Expresionismo

Cubismo

Realismo

¡La pintura está viva!

Cada cierto tiempo, hay quien dice que la pintura está "muerta". Esto significa que creen que no queda nada nuevo por pintar. Creen que todos los estilos ya han sido creados. Pero esto nunca acaba siendo del todo cierto. Después de algunos años, la pintura vuelve a ponerse de moda.

Impresionismo

Surrealismo

Ismo esto, Ismo lo otro

La historia del arte incluye una gran variedad de movimientos. Esta línea del tiempo comienza con las pinturas rupestres, una primitiva forma de arte. ¡Hay tantos estilos que elegir para pintar a este perro!

Pinturas rupestres

(hace más de 30,000 años) Los hombres de la prehistoria utilizaban hollín y pinturas hechas con plantas. ▶

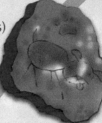

▲ Arte pop

(década de 1950) Estos artistas veían a la gente y los objetos comunes de otras maneras nuevas.

▲ Surrealismo

(desde 1920 hasta la década de 1940) Este tipo de arte no mostraba el mundo real. Incluía criaturas imaginarias u objetos que parecían irreales.

Renacimiento
(de 1300 a 1602)
Los artistas querían que sus obras fueran equilibradas y mostraran sosiego.

Impresionismo
(de 1863 a 1890)
Estos artistas salían con sus lienzos para utilizar la luz natural para crear pinturas con colores vivos. ▶

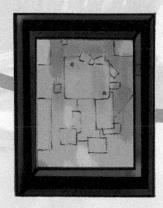

▲ Cubismo
(de 1907 a 1914)
Se mostraban objetos y personas desde más de un punto de vista.

▲ Expresionismo
(de 1905 a 1930)
Este movimiento utilizaba formas, colores y líneas extravagantes para mostrar sus sentimientos, en lugar de la realidad.

Momento mágico

"La imaginación es más importante que los conocimientos".

—Albert Einstein

Esta es una de las citas más famosas de todos los tiempos. Muchos artistas toman clases para aprender nuevas **técnicas**. Pero para ser un artista se necesita algo más que destrezas técnicas. Está la magia de la imaginación.

Cuando un artista pinta, es un momento mágico. Es un momento en el que las destrezas y la creatividad se unen para crear algo nuevo. Pintando, el artista se olvida del tiempo. Entra en un mundo de imaginación.

Crear arte no es siempre sencillo. Pero es un momento especial. Los pintores, los bailarines y los cantantes son artistas que disfrutan de este momento special.

Hay que ser inteligente para ser artista

Existen muchas formas de ser creativo. La pintura, el dibujo, la escultura, la música, la danza y el teatro son considerados como *artes*. Los artistas estudian mucho para llegar a ser buenos en lo que adoran hacer.

La pequeña bailarina de ▶
catorce años, de Edgar Degas

Inspiración

Los artistas siempre buscan inspiración. Algunos la encuentran en la naturaleza. A la mayoría de los artistas les gusta pasar tiempo con otros artistas, incluyendo a escritores y actores. Se dan ideas los unos a los otros.

Fiesta artística

Cuando comienza una exposición, se hace una **recepción**. ¡Esto es una divertida fiesta! Es donde los artistas pueden compartir su arte. Puede haber comida, música y bebida. Normalmente, los artistas invitan a sus familias y amigos a estas fiestas. Las recepciones también son una forma divertida para los artistas de hacer nuevos amigos.

El arte original tiene algo especial. Hace que la gente lo quiera ver de cerca. A veces, a los asistentes a una exposición les gustan tanto las pinturas que quieren comprarlas. Las pinturas se pueden vender en las recepciones. La mayoría de los artistas hacen exposiciones para vender su arte. Es necesario que mucha gente trabaje junta para que se desarrolle correctamente. Los artistas agradecen la ayuda de los demás.

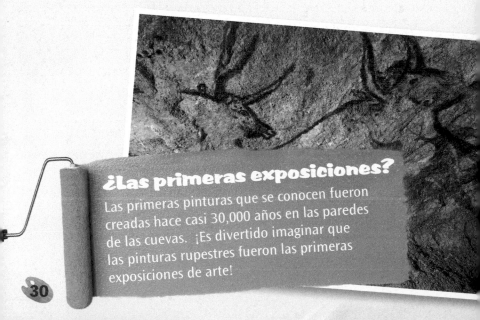

¿Las primeras exposiciones?

Las primeras pinturas que se conocen fueron creadas hace casi 30,000 años en las paredes de las cuevas. ¡Es divertido imaginar que las pinturas rupestres fueron las primeras exposiciones de arte!

¡Momento de exponer!

Después de largos días de dibujar y pintar, llegó la hora de exponer. Después de trabajar solos durante todo el día, los artistas están deseosos de pasar tiempo con su familia y amigos.

Una exposición o presentación es un evento especial. Las obras de arte se cuelgan de las paredes. Se les puede añadir un punto de luz para iluminarlas. Una exposición se puede hacer en una **galería** o **museo**. O puede ser en una biblioteca, en un colegio o en cualquier otro lugar de reunión. Algunas exposiciones exponen y venden arte durante un corto periodo de tiempo. Otras obras de arte no están a la venta. Pueden ser exhibidas en lugares **permanentes**, como los museos.

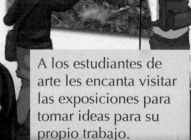

A los estudiantes de arte les encanta visitar las exposiciones para tomar ideas para su propio trabajo.

Una periodista de un periódico local ha venido a visitar las obras de arte. Mañana se publicará un artículo sobre la exposición.

La dueña de la galería busca visitantes que puedan estar interesados en comprar una pieza de arte.

Los artistas invitan a la familia y a los amigos a que asistan a la exposición.

Parece un comprador potencial. ¿Qué precio ofrecerá por la pintura?

¡MÁS EN PROFUNDIDAD!

Tras la escena

Los artistas cuentan una historia con su arte. Su arte deja una huella acerca de la época en que vivieron. Un museo de arte es el lugar perfecto para reunir obras de arte. Los museos ofrecen a la gente un lugar donde poder disfrutar del arte. Los museos también protegen el arte para el futuro. Los **conservadores** son expertos que eligen las obras de arte para exponer en sus museos. Estudian el arte para determinar qué obras son más excitantes e intentan predecir qué piezas querrá contemplar la gente en el futuro.

Museos de todo el mundo

▼ Museo Smithsonian de arte, Washington, D.C.

▼ Museo Metropolitano de arte, Nueva York, NY

▼ Los Museos Vaticanos, Roma, Italia

Uno de los museos más conocidos de todo el mundo es el Louvre, en París, Francia. Este museo tiene un cuadro muy famoso que viene a visitar gente de todo el mundo. ¿Has oído hablar de la *Mona Lisa*?

▲ La *Mona Lisa*, de Leonardo da Vinci

▼ Museo Getty, Los Ángeles, CA

▼ Museo Guggenheim, Bilbao, España

▼ Galería nacional, Londres, Inglaterra

Una actitud de gratitud

Cuando un artista vende una pieza, ¡es un día excitante! La familia que compró el cuadro lo llevará a su casa. Lo añadirán a su colección de arte. Al artista se le paga por su trabajo. Parte de este dinero es para el dueño de la galería. Las galerías necesitan dinero para pagar las exposiciones de arte y las recepciones. Algunos artistas tienen, además, que pagar a sus agentes. A los **agentes** se les paga por ayudar a los artistas con el negocio de vender arte. Los artistas agradecen la ayuda de los agentes y de las galerías.

Contando centavos

La mayoría de los artistas no ganan lo suficiente vendiendo su arte en galerías. Deben aceptar otros encargos de arte. Estas son algunas otras formas en que los artistas pueden ganar dinero.

▲ Crear arte para calendarios o tarjetas de notas.

▼ Exponer obras de arte para la venta en una feria de arte.

36

▲ Impartir clases de arte.

◀ Ilustrar libros y revistas.

▼ Vender arte a un negocio para que lo use con sus productos.

Noche estrellada

Las exposiciones son excitantes. Pero la verdadera magia de ser un artista es crear arte. Puede ser sucio. Lleva tiempo. Y los artistas nunca saben de donde les vendrá la próxima idea. Los artistas encuentran inspiración en cualquier lugar, incluso en el cielo de la noche. Caminar de regreso de una exposición puede ser el momento perfecto para planear un nuevo proyecto, especialmente en una noche estrellada.

▲ *Auto retrato* de Vincent van Gogh

¿Cuál es tu estilo?

Al igual que nadie es exactamente igual que otra persona, ningún estilo de arte es exactamente igual. El arte que más te guste será el arte que más te inspire. Pinta un cuadro de tu estilo favorito y organiza una exposición de arte con tus amigos. Puede que aprendas algo nuevo sobre tus amigos… ¡y sobre ti mismo!

Entrevista con una artista

Rosi Sánchez nació en España, donde estudió arte y teatro. Se mudó a los Estados Unidos cuando tenía 21 años y abrió la galería *Rosita's World of Arts and Crafts* en Huntington Beach, California. Allí vendió sus obras de arte y las de otros artistas durante varios años. Ahora está jubilada y disfruta pasando tiempo con sus nietos. Continúa exhibiendo su arte en Laguna Beach.

Michael: ¡Hola, Rosi! ¿Cuándo te convertiste en artista?

Rosi: Pinté mi primer cuadro cuando tenía nueve años. Solo tenía dos tubos de pintura: marrón y blanco. Así que pinté un caniche blanco contra una pared marrón. Había oído hablar de la pintura al óleo, pero no sabía que se necesitaban óleos especialmente hechos para pintar. Sin saber esto, ¡mezclé mis pinturas con aceite de oliva, utilizado para cocinar! A mi familia esto le pareció gracioso. Les encantaban mis pinturas y fue en ese momento cuando me di cuenta de que quería ser artista.

Blanca: ¿Cuándo fue tu primera exposición?

Rosi: Presenté por primera vez cuando tenía 13 años. Era un cuadro de dos niñas en kimono en un jardín de flores japonés. Esa exposición era un concurso y gané el segundo premio. Fue muy excitante. Desde entonces he expuesto y vendido muchas obras de arte.

Michael: ¿Estudiaste arte?

Rosi: Sí, estudié arte en el Instituto Mengual, en Madrid, España. Me encantaba la escuela. Creo que los artistas también deberían estudiar por su cuenta después de la escuela. Practicar a diario es la mejor manera de aprender cualquier cosa.

Blanca: ¿Hay algún artista a quien admires?

Rosi: Pablo Picasso. Se atrevió a probar cosas nuevas y valoraba a los niños como grandes artistas.

Michael: ¿Qué es lo mejor de ser un artista?

Rosi: La motivación por el día a día, porque ¡trabajo haciendo lo que más me gusta!

Símbolos:
- entrevistadores
- artista

Madrid
ESPAÑA

Glosario

aceite de linaza: un aceite que se utiliza para secar

acuarelas: un tipo de pintura utilizada con agua

agentes: personas o negocios que actúan en nombre de otros

caballete: un soporte para apoyar el lienzo

carboncillo: madera comprimida y quemada que puede ser utilizada para dibujar

comisión: un encargo específico a un artista para que cree obras de arte específicas a cambio de dinero

conservadores: la persona a cargo de un museo o colección de arte

en plein air: una expresión francesa que significa "al aire libre"

escultores: artistas que tallan o moldean materiales diferentes para crear estatuas u objetos decorativos tridimensionales

estilo: el aspecto que tiene una obra de arte y cómo cuenta algo acerca de cuándo y dónde fue creada

estudio: la sala o el espacio donde un artista crea arte

exposición: una presentación pública de una colección de obras de arte

Expresionismo: el estilo artístico en el que los colores y las imágenes están distorsionados o exagerados para expresar sentimientos

galería: un edificio utilizado para exponer o vender pinturas u otras obras de arte

ilustradores: personas que crean dibujos para libros o revistas

impresionistas: artistas que seguían el movimiento artístico de la Francia del siglo XIX que se centraba en la luz, el color, el movimiento y la naturaleza

inspiración: algo que mueve la mente o las emociones

lienzo: una tela dura utilizada como superficie para pintar

modelo: una persona u objeto que sirve como sujeto para un artista

museo: un edificio que expone objetos artísticos, históricos o científicos importantes

paisajes: dibujos que muestran la vista de un área o de un escenario natural

paleta: una tabla utilizada por un pintor para depositar y mezclar pigmentos

pasteles: lápices de color con apariencia de tiza

permanentes: que duran para siempre

pinturas acrílicas: un tipo de pintura que utilizan los artistas

pinturas al oleo: un tipo de pintura fabricado con polvo de color y un óleo especial

Posimpresionismo: un movimiento artístico que utilizaba espesas aplicaciones de pintura, colores ricos, golpes de pincel distintivos y formas distorsionadas

recepción: una fiesta o congregación en la que un artista puede exponer su arte

retratos: dibujos o pinturas, normalmente de una cara, que se parece a una persona o mascota concretas

Surrealismo: el movimiento artístico que comenzó en los años veinte y que se centraba en los sueños y el simbolismo

técnicas: destrezas o maneras de trabajar utilizadas por un artista para crear un estilo o efecto específicos

utensilios: los materiales utilizados en una obra de arte, como la pintura, el lápiz o la arcilla

Índice

Bibliografía

Kelen, Emery. Leonardo da Vinci's Advice to Artists. Running Press, 1990.

Las obras de arte de Leonardo Da Vinci acompañadas por algunos de sus pensamientos sobre el color, los paisajes, las emociones y más. La información está extraída de sus cuadernos personales.

Kohl, MaryAnn F. and Solga, Kim. *Discovering Great Artists: Hands–On Art for Children in the Styles of the Great Masters*. Bright Ring Publishing, 1997.

Prueba con una gran variedad de técnicas de arte. Las actividades están dirigidas a artistas de todas las edades.

Luxbacher, Irene. *The Jumbo Book of Art*. Kids Can Press, 2003.

Este libro enseña a los niños técnicas básicas para pintar, dibujar, esculpir y más mediante proyectos y actividades que guían paso por paso.

Schwake, Susan. *Art Lab for Kids*. Quarry Books, 2012

Este libro incluye 52 aventuras sobre el dibujo, la pintura y otros, ¡un proyecto para cada semana del año!

Wenzel, Angela. *13 Artists Children Should Know*. Prestel Pub, 2009.

Aprende acerca de 13 de los artistas más famosos de la historia. Este libro habla sobre los artistas, sus vidas y su trabajo. También se incluyen juegos y actividades.

Más para explorar

Most Famous Paintings of All Time
http://www.usefulcharts.com/history/most-famous-paintings-of-all-time.html

Este sitio web muestra a 25 de los artistas más famosos de la historia. Están listados dependiendo de dónde vivían e incluye un ejemplo de sus obras de arte.

BRUSHster
http://www.nga.gov/kids/zone/brushster.htm

BRUSHster te permite crear obras de arte coloridas en la pantalla de tu ordenador. Puedes cambiar los efectos del pincel, las pinceladas, los colores y más. Después podrás guardar tu obra de arte o imprimirla y compartirla con los demás.

The Art Project
http://www.googleartproject.com

El *Art Project* (proyecto de arte) de Google proporciona visitas virtuales a museos famosos de alrededor del mundo, como el Museo Metropolitano de Arte, en la ciudad de Nueva York. Se puede hacer zoom en obras de arte individuales e incluso crear nuestro propio arte.

Art from Scrap
http://artfromscrap.org

Art from Scrap (Arte con chatarra) ayuda a los niños a comprender la importancia de ser creativos y de cuidar el medioambiente. Reciclan miles de libras de material limpio y lo venden a otros para que creen arte, ropa y más.

National Gallery of Art
http://www.nga.gov/kids

La *National Gallery of Art* (Galería Nacional de Arte) es un lugar magnífico para visitar si vas a Washington, D.C. Si no puedes llegar hasta allí, puedes visitar este sitio web para explorar las galerías interactivas y crear tu propio arte.

Acerca de los autores

Michael Serwich es un marionetista y actor profesional. Estudió la carrera de Bellas Artes en escritura de piezas de teatro en la universidad De Paul. Escribe y presenta programas de marionetas en el Museo de historia natural de Los Ángeles. Su marioneta favorita de allí es un Tiranosaurio juvenil a tamaño natural llamado Hunter.

Blanca Apodaca ilustra libros y crea arte para niños modistas, monopatinadores y músicos de rock. Fue la autora e ilustradora de *Smally's Secret Alphabook*. También compuso y tocó música para dos discos.

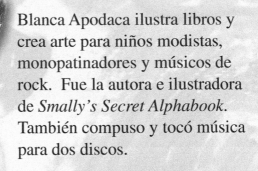

Juntos, Blanca y su marido Michael son artistas que escriben historias y componen espectáculos de marionetas, pero su mayor creación siempre será su hija, Melody.